APERÇU GÉNÉALOGIQUE

sur

LA DESCENDANCE

de

Daniel MABELLY, d'Aubais.

APERÇU GÉNÉALOGIQUE

SUR

LA DESCENDANCE

DE

Daniel MABELLY,

D'AUBAIS.

1700.

Par le Docteur PIRON.

MONTPELLIER,

IMPRIMERIE DE RICARD FRÈRES.

PLAN D'ENCIVADE, 3.

—

1860.

APERÇU GÉNÉALOGIQUE

SUR

LA DESCENDANCE

DE

Daniel MABELLY, d'Aubais.

1700.

————•◦❖◦•————

Daniel MABELLY, négociant, épouse *Marguerite* MAURELLE.

FRÈRES.	SŒUR.
André MABELLY, négociant, mort célibataire en 1767 (1).	*Madeleine* MABELLY, veuve en 2ᵉ noces de *Louis* GRUVEL.
Pierre MABELLY, marchand facturier, marié à *Marie* MANSE, mort sans enfants le 28 Juin 1758 (2).	

FILS.

François MABELLY, ménager, épouse, le 20 Juin 1832, *Isabeau* ALLIER, fille de

François ALLIER et de *Marie* BASTIDE ; il meurt en 1769.

5 enfants sont issus de ce mariage :

Jean,
Marie,
Anne,
Élisabeth,
Marie.

TIGE DIRECTE.

Famille **MABELLY**.

JEAN MABELLY, propriétaire, épouse *Jeanne* GOURGAS, de Gallargues, décédé en 1770 ; il laisse un fils et 2 filles :

Jean,
Marie,
Anne.

I. *Jean* M., marié à *Cécile* LAUZIÈRE, qui a 6 enfants :

1. *Jean* M., marié à d^{lle} AUBANEL, de Gallargues, qui a 2 filles.

Alix M., qui épouse FLOUTIER.
Sa sœur a épousé un JALABERT.

2. *J..........* M., épouse de BOUVIER, de
   St-Geniez, a un fils élève en théo-
   logie à Genève.

3. *Hippolyte* M., marié à *Anne* COMBALUSIER,
   mort en 1858, laissant 2 enfants :

Alphonse, qui a épousé *Louise* CARRIÈRE,
a un fils : *Aristide.*
Ferdinand, commis-négociant.

4. *Rosalie*, morte en 1823.

5. *Eugène*, marié à *Anne* ALLIER, a un
   fils : *Félix.*

6. *Adèle* M., mariée à P. LAUZIÈRE.
   A 4 enfants :

Césarine, mariée à VALENTIN ;
Rosalie,
Pierre,
Eugène.

II. Marie M., mariée à RAVIER, d'Uchaud.
A 2 enfants :

Émilie M., mariée à Roux, d'Uchaud ,
Adèle M., qui a épousé MOLINES, de Codognan.

III. *Annon* MABELLY, non mariée, morte octogénaire.

Le descendant direct de *Daniel* MABELLY est aujourd'hui *Aristide*, fils d'*Alphonse* (3).

1re TIGE COLLATÉRALE FÉMININE.

FAMILLE ALLIER.

MARIE MABELLY, mariée à *François* ALLIER , propriétaire à Aubais.
Cinq enfants proviennent de ce mariage :

François ,
Marie ,
Annon ,
Isabeau ,
Marion.

(1re *Branche des Allier.*)

François ALLIER (4), propriétaire foncier, épouse demoiselle LAUZIÈRE, décédé en 1831.

Il laisse un fils, d'une intelligence bornée, perclus de ses membres par défaut d'organisation cérébrale. Il est mort en 1855; ainsi s'est éteinte la branche des ALLIER.

(2° *Branche des Allier.*)

Famille FAREL, de Congénies.

—

Marie ALLIER, mariée à *Claude* FAREL, propriétaire, mort en 1841.

Il a 4 enfants :

Claude,
François,
Marie,
Jean-Louis.

1. *Claude* F., propriétaire, marié à *Marie* GUÉRIN. N'a pas d'enfants.

2. *François* F., propriétaire, marié en premières noces à *Françoise* RAVIER, d'Uchaud, sa cousine germaine, morte en 1831 (*).

De ce mariage proviennent 3 enfants :

Claude F., marié à *Rosalie* Roux.

Il a deux filles :

Rosalie F.,
Marie F.

Lucie F., épouse *Pierre* BRUGUIÈRE, négociant à Nimes, morte en 1854.

Laisse 2 garçons :

Louis B.,
Élie B.

François F., négociant à Lyon, marié à *Philippine* JOUBERT, de Marsillargues, a 2 enfants :

François,
Lucie.

______

(*) *François* FARREL père épouse en deuxièmes noces *Émilie* RABINEL, de Congénies, d'où est issu *Auguste* F., marié à *Adeline* GALLET, de Nimes.

3. *Marie F.*, épouse *Jacques* FAREL, propriétaire, a 3 enfants :

Jacques F., marié à *Rosalie* RABINEL,
A 2 filles et 1 garçon :
Asthénaïs,
Lucie,
Louis.

Louis F. a épousé *Césarine* CODOGNAN,
Il a deux enfants :
Émilie,
Marie.

Émelie F., non mariée.

4. *Jean-Louis F.*, marié à *Anne* JAULME,
a un enfant :
Jean-Louis.

(3ᵉ *Branche des Allier*.)

Famille COMBES, d'Aiguevives.

Anne ALLIER, épouse Abraham COMBES,
propriétaire foncier.

De ce mariage naissent 3 enfants :
Abraham,
Amélie,
Adèle.

1. *Abraham* Combes, épouse *Marie* Cazelles, fille d'un grand propriétaire de Montagnac, sœur du député au Corps législatif.

Il a 3 enfants :

Théophile C, mort jeune.
Anne-Clotilde C., mariée à *Pierre* Peyron, de St-Gilles.
A eu 2 enfants :

Jules P., mort jeune.
Marie P.

Athénaïs-Antoinette C., mariée à *Auguste* Berthézène, de Valleraugue.
A 2 filles :

Félicie B.,
Emma B.

2. *Amélie* Combes, mariée à *Antoine* Gelly, de Calvisson.
A une fille mariée à *Jacques* Causy, de Nimes, qui a une fille :

Hortense.

3. *Adèle* C., non mariée.

(*4e Branche des Allier.*)

Famille RAVIER, d'Uchaud.

Isabeau ALLIER, épouse *Alexis* RAVIER, propriétaire foncier à Uchaud.

Il a 2 enfants :

1. *Françoise* R., mariée à *François* FAREL, de Congénies, son cousin germain.

2. *Alexis* R., marié à *Louise* CLAVEL, de Codognan.

   A 3 enfants :

Émile R. épouse *Jeanne* RAVIER, d'Uchaud.

Il a une fille : *Nelly*.

Élisabeth R., mariée à VESSON, du Caylar.
   A laissé, en mourant, 2 enfants :

Césarine-Élisa V.,
Alfred V.

Adèle R., mariée à *Jacques* MATHIEU, du Caylar, a un garçon nommé *Exilly* M.

Marion ALLIER, non mariée.

2e TIGE COLLATÉRALE FÉMININE.

Famille **MOLINES**, de Vauvert.

ANNE MABELLY, † en l'an XII, épouse *Jean* MOLINES, † en 1793.

De ce mariage sont nés 5 enfants :

Pierre,
Marie,
Anne,
Louis,
Suzanne.

1. *Pierre* M., né le 8 Avril 1760, mort le 20 Septembre 1793.

(1ʳᵉ *Branche des Molines.*)

Famille DUCROS, de Sommières.

II. *Marie* MOLINES, épouse *Jean-Louis* DUCROS, propriétaire, négociant à Sommières, veuf de demoiselle BOISSON (*).

Il a 2 enfants :

Jean-Louis DUCROS, propriétaire, marié à *Uranie* VÉSIAN, de Nimes.

A une fille :

Anaïs D., mariée à *Gaston* CAUCANAS, propriétaire de vignobles à Langlade.

De ce mariage sont nés :

Jean C. et *Suzanne* C.

Hippolyte D., ancien négociant à Marseille, aujourd'hui propriétaire à Lyon, marié à *Catherine* GURNEL, n'a pas d'enfants.

(*) Du premier mariage est née *Myrrha* DUCROS, mariée à *Paul* THOLOZAN, quand vivait négociant en dentelles à Nimes, d'où sont issus : *Alphonse, Émile, Auguste, Léon* et *Henry.*

(2ᵉ *Branche des Molines.*)

Famille GUIRAUD, de Vauvert.

III. *Anne* MOLINES, épouse *Barthélemy*
GUIRAUD, propriétaire.

De ce mariage sont nés 8 enfants :

Clotilde,
Roman,
Ernest-Eugène,
Julie,
Léonce,
Célina,
Anaïs.

1. *Louise-A.-Clotilde* G., née le 4 Floréal
an XII, † le 21 Vendémiaire an XIV.

2. *Claude-Roman*, né le 24 Vendémiaire
an XIV, † le 16 Juin 1807.

3-4. *Louis-Ernest* et *Marie-Eugène* G.,
frères-jumeaux, nés le 18 Juillet 1807,
morts en 1809.

5. *Anne-Julie* G., épouse *Jean* GAMALIÉ,

négociant, née le 8 Avril 1809, † à Nimes en 1856.

De ce mariage sont nés 3 enfants :

Barthélemy-Alfred G., né à Nimes en 1838, † en 1847.

Adrienne-Alfredine G., née à Nimes en 1847.

Emma G., née le 5 Avril 1835, † à Vauvert en 1835.

6. *Marie-Vincent-Léonce* G., négociant en vins, né en 1811, marié à *Adrienne* Faure.

A eu 3 enfants :

Marie G., née aux Verrières (Suisse) en 1843.

Albine G., née aux Verrières en 1846, † à Beaucaire en 1848.

Adèle G., née à Beaucaire en 1848.

7. *Marthe-Clotilde-Célina* G., née en 1814, † en 1815.

8. *Lucie-Anaïs* G., née en 1816, † en 1817.

IV. *Louis* MOLINES, né le 4 Septembre 1779, mort.

(3e *Branche des Molines*.)

Famille **BROUZET**, de Vauvert.

V. *Suzanne* MOLINES, mariée à *Antoine* BROUZET, propriétaire.

De ce mariage sont nés 8 enfants :

1. *Henri* B., né le 1er Vendémiaire an XIII, † le 23 Août 1830, marié à *Jeanne* VIALA, de Lunel.

A laissé 1 enfant :

Anaïs B., née à Lunel, a épousé *Émile* LAFONT, propriétaire à Sauve, juge de paix à Quissac.

A eu 1 enfant :

Juliette L., née à Sauve en 1853, † en 1858.

2. *Pierre-Antoine* B., né en 1807, † en 1810.

3. *Barthélemy* B., né en 1809, † en 1810.

4. *Anne* B., née en 1812, mariée à *Louis* VILLARD, propriétaire-foncier.

A eu une fille :

Suzette-Anaïs V, née en 1841, † en 1854.

5. *Marie* B., née en 1813, † en 1852, avait épousé *François* Gilly qui a eu 3 enfants.

Suzanne-Fr.-Anaïs G., née à Nimes en 1840, † en 1841.

Antoine-Alphonse G., né en 1842, † en 1848.

Louise-Anne G., née en 1844, † en 1844.

6. *Antoine* B., né en 1815, † en 1824.

7. *Hippolyte* B., né le 18 Juillet 1817, a épousé *Marie* GIRAUD.

3 enfants sont issus de ce mariage :

J.-A.-Émile, né en Janvier 1843, † en Août 1843.

Antoine-Jacques-Émile, né en Décembre 1844.

Marie-Coralie, née en 1850.

8. *Louis* B., né en Février 1820, † en 1822.

3e TIGE COLLATÉRALE FÉMININE.

Famille **GRIOLET**, de Sommières.

ÉLISABETH MABELLY, mariée à *Moïse* GRIOLET, négociant.

De ce mariage sont nées 2 filles :

Élisabeth,
Françoise.

I. *Élisabeth*, épouse *Jean-Barthélemy* GRIOLET (dit BLONDIN), propriétaire.

5 enfants proviennent de ce mariage :

Barthélemy,
Eugène,
Julie,
Isidore,
Céleste.

1. *Jean-Barthélemy G.* ✻, négociant filateur, maire de Sommières, membre de la Légion d'Honneur, épouse *Virginie* CAMBON, de Montpellier.

De ce mariage sont issus :

Jules G., mort célibataire.

Sœurs jumelles. { *Élisa*, mariée à *Eugène* MEYRUEIS.
Léonie, mariée à *Alexandre* MÉJEAN.

Gustave G. a épousé *Félicie* G., fille d'*Isidore*.

2. *Eugène* G. ❄, propriétaire, possédait une grande filature de laines, fut Maire du 5ᵉ arrondissement de la ville de Paris, membre de la Légion d'Honneur, et marié à *Pauline* FOULC, de Nimes.

A laissé 3 enfants :

Ernest G., marié à *Sophie* DE GERS, à Genève.

Julie G., a épousé en 1843 *Adolphe* RENET, banquier à Paris.

Zoé G., épousa *Ernest* GÉRENTE.

3. *Julie* G., épousa *Auguste-Sévère* NICOL ❄, ancien capitaine d'infanterie, membre de la Légion d'Honneur.

Elle a eu 2 enfants :

Alcide N., ancien professeur, aujourd'hui dans l'administration des télégraphes, marié à *Alix* DEFFERE, de Galargues, qui a deux enfants :

Auguste-André-Fernand.
Samuel-Alfred.

Eugénie-Anna N., mariée à *Alfred* LAVONDÉS à Nimes.

4. *Isidore* G., marié à *Jeanne* BONNAFÉ, a a eu une fille :

Félicie G., qui a épousé *Gustave* G., son cousin germain, fils de *Barthélemy.*

5. *Céleste* G., mariée à *Guillaume* CAZALIS, propriétaire. Elle a un fils :
Adolphe CAZALIS, célibataire.

II. *Françoise* G., morte célibataire.

4e TIGE COLLATÉRALE FÉMININE.

Famille DOMERGUE.

MARIE MABELLY, mariée en Novembre 1772 à *Louis* DOMERGUE, secrétaire intime de *Charles* de BASCHI, marquis d'Aubais (5), a eu 2 enfants :

Victoire,
Jean-Louis.

1. *Victoire* D. , née à Aubais le 15 Juillet 1775 , épouse , en 1802 , *Germain* PIRON , ancien trésorier à l'armée d'Égypte, né en 1774, mort en 1854 (6). Ils ont eu 4 enfants.

Louis-Marie-Frédéric P., † en 1803.
Prosper P. ✳ , docteur en médecine, membre de la Légion d'Honneur , etc. , célibataire.
Adélaïde P., mariée, en 1828, à *Achille* GUILHEMAT , morte en 1850.
Célestine P., mariée, en 1831, à C. OLLIVIER , n'a pas d'enfants.

2. *Jean-Louis* D., marié à *Fanny* MICHEL, mort à Paris, chef de bureau au trésor de la Couronne.

A eu une fille.

Amélie D., a épousé, en 1841, *Hippo-lyte* BOUCOIRAND, originaire de Nimes.

A eü 2 filles :

Berthe B. , *Louise* B. , aujourd'hui or-
phelines, habitant à Paris.

———————

(Juillet 1860.

TABLEAU récapitulatif indiquant les chefs de famille.

DANIEL Mabelly.

MARGUERITE Maurelle.

FRANÇOIS Allier.

JEAN. Gourgas.
- Jean.. Lauzière.
- Marie. Ravier.
- * Annon.

MARIE. Allier.
- François. Lauzière.
- Marie. Farel.
- Anne. Combes.
- Isabeau. Ravier.
- * Marion.

ANNE. Molines.
- Marie. Ducros.
- Anne. Guiraud.
- Suzanne. Brouzet.

ÉLISABETH. Griolet.
- Élisabeth. Griolet.
- * Françoise.

MARIE. Domergue.
- Victoire. Piron.
- J.-Louis. Michel.

* Célibataires.

Copie d'un État des revenus du marquis d'Aubais, pour l'année 1760, où l'on trouve le nom de plusieurs riches fermiers descendants de Daniel MABELLY.

Noms des Terres.	Nom des Fermiers.	Revenus.
Le Caila.		
Les prés et les terres............	Mannier, Sausse, Sabatier et Mabelly........	12,000 f.
La tour d'Anglas et ses dépendances avec le petit Serpentant........	Burnes et Mingaud	6,700
Le moulin du Caila............	Coutelle	775
Les Albergues ou Censives.......	....	100
Le moulin de la Levade.........	Pasquier........	425
Le moulin d'Etienne............	Boussot........	455
La pension de la Communauté....	....	700
Les prés de Rosel et des Ferres...	Delort........	520
Le petit four du Caila.	Durand........	90
		21,765 f.
Aubais.		
Gavernes, le mas de la Vielle.....	Chrétien, Bouchet........	
Le moulin à huile, le vallon de Corbières	Allier, Lausière, Sallaget et Gruvel	6,500
Christin................	Lombard	1,500
Le mas de Foucard............	Mabelly........	1,300
Le grand pré et celui de l'ancien jardin	Lausière........	750
Le pré de la Tourille.........	Begon......	300
La Tourille	Begon........	75
Le moulin de Corbière.........	Arnaud........	132
La portion du moulin de Corbière..	Pasquier........	125
Les bois taillis................	....	100
La maison de la Ramée.........	Bouchet........	30
Les pensions d'Aubais et de Junas.	....	350
Censives de Sommières........	....	45
Le jardin du Rieu............	Begon........	20
Une petite peirière à Christin.....	Durand, de Saussines........	24
		33,016 f.

NOTES.

(1) *André* MABELLY, fait héritier de ses biens son petit neveu, *Jean* MABELLY, le jour de son mariage avec *Jeanne* GOURGAS, sauf une somme de 3,000 livres qu'il destine à *Marie* MABELLY, sa petite nièce (c'est sans doute celle qui épousa Allier.) Acte du 31 Janvier 1764.

(2) *Pierre* MABELLY, fait, par son testament du 23 Janvier 1758, *Marie* MANSE, sa femme, héritière universelle, et lui donne une terre complantée d'oliviers au quartier de *la Lone* (*).

Il donne à *Madeleine* MABELLY, sa sœur, veuve en secondes nochs de *Louis* GRUVEL, une somme de 300 livres : la même somme est aussi destinée à chacune de ses nièces, Madeleine, Marguerite et Anne, qui habitent à Vauvert.

Il lègue à *Jean* MABELLY, son petit neveu, un paillier-écurie à Aubais; à *Pierre* MABELLY, autre neveu (**), une olivette appelée *la Cueillerette*, un jardin aux *Pilles* et un chenevrier au quartier du *Rieu*.

A *Marie* MABELLY, fille de *François*, la somme de 500 livres le jour de son mariage.

A *Marie* MABELLY, veuve de Brunel, la somme de 400 livres.

(*) Par acte du 26 Novembre 1768, la veuve de *Pierre* MABELLY abandonne son usufruit et fait héritier son neveu *François* MABELLY.

(**) Dont les descendants doivent exister à Aubais.

(3) La veuve Mabelly-Gourgas adressa, en 1793, une pétition aux représentants du peuple Goupilleau et Perrin pour leur exposer que, possédant 128 séterées de terres, un troupeau de 200 bêtes à laine et deux couples de mules pour l'exploitation dudit bien, elle ne peut cultiver ses champs, et se verra dans l'impossibilité de payer ses impositions, qui s'élèvent à la somme de 550 fr., si son fils, dont elle est privée depuis six mois, continue à rester au service dans les convois de l'armée des Pyrénées-Orientales à Perpignan, avec ses mules et sa charrette; elle les prie, pour ne pas laisser ses biens en friche et pouvoir obtenir des récoltes qui lui permettront de faire subsister sa famille, de laisser rentrer son fils exempt de toute réquisition; offrant de mettre un homme sûr et valide à sa place.

Nous ignorons si cette demande fut écoutée; mais bien certainement de cette époque datent les malheurs qui ont assailli la tige directe des Mabelly et l'ont obligée à se séparer de la plupart de ses propriétés pour subvenir aux besoins les plus pressants et pouvoir vivre honorablement.

(4) *François* Allier, grand propriétaire et agronome habile, fut Maire d'Aubais; il fit preuve de discernement en ordonnant dans son testament que son fils fût interdit; mais des embarras de toute sorte dans lesquels la justice intervint empêchèrent de suivre la volonté du testateur, et sa fortune fut partagée entre son fils et son neveu, *François* Farel.

(5) *Louis* Domergue était commissaire d'artillerie, ancien secrétaire du comte de Monteynard (ministre de la guerre en 1771, marié à la petite-fille de *Charles* de Baschi, marquis d'Aubais) (*); puis il fut chargé d'affaires dudit seigneur et juge à Aubais. Il est mort à Montpellier en 1805.

(6) G. Piron fut payeur de la division du général Desaix, en Égypte, devint contrôleur des finances de cette armée. En 1804, il est nommé receveur des contributions de l'arrondissement de Lodève ; il est mort à 80 ans secrétaire de la Faculté de médecine de Montpellier.

(*) *Charles* de Baschi, né au château de Beauvoisin le 20 Mars 1686, mort à Aubais le 5 Mars 1777, fut passionné pour les lettres ; il leur consacra sa fortune et sa vie. Il avait rassemblé dans son château une des bibliothèques les plus nombreuses et les mieux choisies qu'un particulier opulent puisse former.